BALI

Texte
Prof. Dr. IDA BAGUS RATA

Photos
ANDREA PISTOLESI

BONECHI

BALI
Projet et création éditoriale: Casa Editrice Bonechi
Direction éditoriale: Monica Bonechi
Recherche iconographique: Sonia Gottardo
Projet graphique, réalisation graphique et mise en page sur vidéo: Sonia Gottardo
Rédaction: Patrizia Fabbri *et* Simonetta Giorgi
Texte: Prof. Dr. Ida Bagus Rata
Traduction: Frédérique Malbos

E-mail: bonechi@bonechi.it - Internet: www.bonechi.it

Plan: Studio Grafico Daniela Mariani - Pistoia.

Photos: Andrea Pistolesi.
Les photos des pages 24 (haut), 32 (bas), 117 (bas), de I.B. Gustra, *et de la page 123, de* Joe Rosarius, *appartiennent aux archives des Editions Bonechi.*

INTRODUCTION

Bali est une île montagneuse d'origine volcanique dont le sommet le plus élevé est le Mont Agung (3142 mt), volcan qui a connu de longues périodes d'inactivité. Avec sa superficie de 5632 km² et ses presque 3 millions d'habitants, Bali constitue l'une des 27 provinces dont se compose la République Indonésienne. Située entre Java à l'ouest et Lombok à l'est, Bali a toujours représenté un pont entre l'Asie et l'Australie et cela a influencé le cours de son histoire et son identité culturelle, ayant été confrontée bien souvent à d'autres réalités, celles de l'Inde et de la Chine en particulier.

Dès le VIII° siècle en effet on retrouve les premières traces d'une «indianisation» de Bali exercée directement par l'Inde ou indirectement par Java.

Les premiers documents qui témoignent de l'existence d'une dynastie régnante à Bali, dépendant politiquement de Java, sont du X° siècle. A la fin du XIII° siècle Bali dût reconnaître la souveraineté temporaire des rois javanais de Singhasari, après quoi en 1343 elle se soumit au règne de Madjapahit, du nom de la dynastie ayant succédé à la précédente sur l'île de Bali. L'influence javanaise était donc forte et constante, accentuée au XV° et XVI° siècle par l'immigration en masse d'hindous de Java qui cherchèrent un refuge à Bali pour se soustraire à l'emprise croissante de la religion islamique.

A la fin du XVII° siècle les descendants des princes de Madjapahit divisèrent l'île en neuf principautés indépendantes qui en 1743 passèrent sous protectorat hollandais. La Hollande, en réalité, avait ses propres comptoirs commerciaux à Bali depuis 1597 mais ce n'est qu'au milieu du XIX° siècle qu'elle prit vraiment possession de l'île, en réprimant toute forme d'autonomie politique et administrative. Par la suite, comme on l'a vu, Bali est devenue indonésienne tout en conservant des caractéristiques sociales, culturelles et religieuses autonomes. En Indonésie, en effet, la population (192 millions de personnes environ) appartient en majorité à la religion islamique, qui s'est répandue progressivement à partir du XIII° siècle grâce à la présence massive et influente des marchands arabes qui avaient là d'importantes bases pour leur commerce lucratif. Quand les souverains indonésiens se convertirent eux aussi à la nouvelle foi (XV° siècle), une bonne partie des fidèles de la religion hindoue se réfugia, comme on l'a vu, à Bali où elle conserva intactes ses croyances.

Voilà pourquoi aujourd'hui encore 93% des balinais sont hindous; il n'y a que quelques petits groupes de musulmans, de protestants, de catholiques et de bouddhistes. Il reste en outre des traces évidentes de ce qui devait être la religion la plus ancienne et primitive à Bali c'est à dire la foi animiste, qui prêche le respect de toutes les choses et de toutes les créatures en vertu de leur appartenance à une entité spirituelle ou âme.

Traditionnellement les fidèles des différentes religions cohabitent pacifiquement sous le signe de la tolérance. La capitale de Bali, Denpasar en offre un témoignage parfait: les temples et les lieux sacrés appartenant aux différentes confessions ont été construit les uns à côté des autres; et ce n'est pas un hasard si le surnom de Bali est «d'île des Dieux» ou «d'île des Mille temples». Mais naturellement c'est surtout l'hindouisme qui caractérise les coutumes et l'aspect de l'île.

A Bali on rencontre pratiquement partout des lieux de culte hindous (les Pura). Chaque village (Desa Adat dans la langue locale) en possède en général trois principaux, appelés respectivement Pura Desa, Pura Puseh et Pura Dalem. Ce sont les lieux consacrés au culte des trois divinités qui composent la Trinité Sacrée hindoue appelée Tri-murti, expression de la puissance du créateur unique et suprême Ida Hyang Widi: Brahma le créateur, Wisnu le préservateur et Siwa, celui qui, en dissolvant l'univers et en reconduisant toute chose aux éléments primordiaux amène à son terme tout cycle de création.

Il y a également les Pura Ulunsuwi ou Pura Subak qui se trouvent au centre des rizières et sont confiés aux soins des agriculteurs qui, s'approvisionnant en eau à la même source, font partie d'une sorte de coopérative appelée justement Subak. Il existe aussi des Pura aux emplacements traditionnels des marchés appelés Pura Melanting, qui sont réservés au commerce; et puis les Kahyangan Jagat, véritables temples publics, ouverts à toute la population sans distinction. C'est à ce groupe qu'appartient le Pura Besakih, le plus grand qui existe à Bali.

Chaque Pura a son propre «anniversaire» qui se célèbre une fois par an ou bien tous les 210 jours (cor-

respondant à une année lunaire) par des cérémonies rituelles solennelles qui attirent une grande foule de toute l'île. A cette occasion les fidèles, en signe de reconnaissance pour la bienveillance montrée par les divinités à leur égard et pour la protection et l'abondance qui en ont découlé, ainsi que dans l'espoir d'obtenir ces mêmes faveurs à l'avenir, offrent d'artistiques compositions de fleurs, de fruits, de gâteaux, de riz et de viandes rôties.
Mais à Bali chaque famille de religion hindoue possède également un édifice sacré personnel, le Sanggah ou Pamerajan, construit pour honorer la mémoire vénérée des ancêtres, les esprits des conjoints disparus et naturellement la seule divinité suprême: Ida Hyang Widi. D'ailleurs la tradition veut que le Sanggah soit tourné vers la montagne sacrée par excellence, le Mont Agung.
Quant à l'économie de l'île, les principales sources de revenu (dont dépend le développement progressif de Bali) sont sans aucun doute l'agriculture, l'artisanat et surtout le tourisme qui, ayant commencé au début du XX° siècle, a connu un essor constant depuis que, dans les années soixante, l'on a inauguré l'aéroport international Ngurah Rai, et avec lui, les premiers grands hôtels de luxe, faits pour satisfaire les exigences d'une clientèle internationale. Les ressources agricoles, elles, sont plus traditionnelles; le produit principal est certainement le riz, cultivé à Bali depuis plus d'un millénaire, considéré comme un véritable don des Dieux, et autour duquel s'est montée toute une série de légendes mythologiques. Des rizières à perte de vue, dominées par des rangées de cocotiers, occupent les plaines du sud et les flancs des collines et des montagnes, typiques car cultivés en terrasses qui suivent les courbes de niveau.
Dans les régions au climat sec le maïs et les tubercules tropicaux remplacent le riz à côté la plupart du temps d'une production de fruits et de café. Mais dans l'ensemble Bali est caractérisée par une végétation luxuriante et des paysages verdoyants, ainsi que par ses rivages séduisants, les vestiges imposants de son histoire ajoutés au charme de ses traditions et des cérémonies rituelles multiples qui constituent aujourd'hui encore des moments très importants dans la vie de chaque balinais et font de cette île un lieu unique dans son genre, extraordinairement fascinant et enchanteur.

Les terrassements, fondamentaux pour le développement de la culture du riz.

Le Barong, sous le costume duquel évoluent deux danseurs, mâles en général.

Une jeune danseuse balinaise, dans son costume typique.

Pages précédentes. Une porte d'entrée classique et monumentale (*Candi Bentar*), élément typique de l'architecture balinaise; la silhouette du volcan Gunung Agung qui s'élance entre ciel et mer.

LA DANSE BARONG

La danse Barong, véritable triomphe de couleurs éclatantes et de mouvements harmonieux, est particulièrement connue et appréciée des touristes. On monte d'ailleurs pour eux, en général le matin, de charmants spectacles de la durée d'une heure. De cette façon certains endroits ont acquis une certaine renommée, ce sont les villages de Batubulan, Tegaltamu et Singapadu qui se situent à une demi-heure de la capitale et qui accueillent les spectacles les plus réussis. Mais la danse Barong représente quelque chose de plus qu'une simple manifestation folklorique: elle fait partie intégrante de la culture même de l'île et conserve un caractère sacré évident: il arrive souvent en effet que les balinais la pratiquent, indépendamment de la présence des touristes, à l'occasion de cérémonies religieuses particulières. S'inspirant d'un épisode tiré du *Mahabharata*, poème épique sanscrit, la danse s'articule autour du personnage du Barong, le roi de la jungle, animal mythique difficilement identifiable (peut-être un lion), symbole de la vertu et du bien, perpétuellement en lutte contre les forces du mal qui menacent la vie et l'intégrité de la forêt, élément cher à la population balinaise. Plus précisément, le Barong incarne tout ce qui peut profiter aux hommes et les aider à combattre les maladies, la magie noire ou tout autre genre de maléfice. Le mal contre lequel il se bat éternellement est personnifié par Rangda,

Sur la page à côté, de gauche à droite et de haut en bas, quatre personnages classiques: Dewi Kunti, le beau-fils Sadewa, ici attaché à un arbre de la jungle en attendant d'être sacrifié, un producteur de vin de palmier et Kalika, servante de Rangda.

Deux images du Barong: en haut avec un singe, en bas avec un producteur de vin de palmier, qu'il a agressé et blessé au visage.

reine de la mort et dévoreuse d'enfants, caractérisée par un masque sombre attifé d'une langue rouge de feu.Toute la danse se concentre sur la lutte entre ces deux personnages rivaux. Le Barong est interprété par deux danseurs qui, par des mouvements rythmiques font vivre le très beau costume richement décoré: une grande tête d'animal en bois savamment sculpté et coloré en rouge, blanc, noir et noir ornée d'une couronne qui s'élargit près des oreilles et d'un imposant collier qui pend de son cou; et un long corps finissant en une queue, réalisé en une peau de vache ouvragée et dorée. Le Barong est le premier personnage qui entre en scène avec son allure ondoyante: sa danse veut exprimer concrètement la joie de vivre; suit un groupe d'hommes de main armés, prêts à intervenir en sa défense quand Rangda produira ses terribles attaques. Souvent, les danseurs qui interprètent les disciples du Barong sont tellement pris par le caractère sacré de la représentation qu'il leur arrive de tomber vraiment en transes.

En haut Patih, ministre de Dewi Kunti; en bas à gauche Rangda, esprit malin, transporté sur le dos de ses fidèles; à droite deux serviteurs de Patih.

Une kyrielle de personnages entourent le Barong: Rangda justement, la déesse de la mort, personnification du mal; sa jeune servante Kalika; Dewi Kunti, la reine du règne d'Hastina et son beau-fils Sadewa, destiné à être sacrifié à Rangda pour apaiser la colère de Rangda; le ministre de Dewi Kunti, Patih, qui se désole du sort de Sadewa (Rangda devra s'insinuer dans son âme pour lui faire accepter son sacrifice); et encore des singes à la suite du Barong, et des producteurs de vin de palmier (*nira*). Il y a aussi un élément très important pour l'économie de la danse

tout entière: c'est le groupe de musiciens appelé *gamelan*, dont la présence est capitale pour souligner le caractère rituel de la représentation. Les instruments joués sont très variés: avant tout quelques xylophones métalliques qui en imposent, non seulement par leur nombre mais aussi par le caractère impérieux de leur sonorité; ensuite un grand nombre de tambours, mais aussi de flûtes, de *rebab* (une espèce de violon) et de *gender* (les xylophones typiques) qui jouent tous ensemble un rôle fondamental: mener la danse en scandant le rythme des mouvements, cadencés et habilement coordonnés, ce qui, avec la profusion de couleurs, constitue l'élément le plus fascinant de ce spectacle hors du commun.
A la fin de la représentation les masques du Barong et de Rangda, étant donné leur caractère sacré reconnu de tous, sont placés dans une pièce qui leur est réservée à l'intérieur du temple et ils sont recouverts avec grand soin, surtout celui de Rangda dont on craint énormément les funestes pouvoirs. Cela signifie que la victoire rituelle du Barong et donc du Bien qui conclut habituellement la danse n'est que temporaire: demain déjà cette lutte éternelle et sans issue pourrait recommencer.

Deux images de l'orchestre *gamelan* qui guide et accompagne la danse.

Sous les yeux du Barong les danseurs de Kris, possédés par le démon malin, tentent de se poignarder.

LA DANSE KRIS

La dernière partie de la danse Barong est en fait un spectacle en soi, appelé danse Kris, du nom du couteau malais le plus répandu. Il s'inspire à un concept philosophique, le *rwa bhineda*: le Bien et le Mal, la méchanceté et la bonté ont toujours existé et vécu ensemble tout en s'affrontant dans une lutte acharnée et sans issue. Dans le futur rien ne changera, et, s'il est permis à l'homme d'essayer de favoriser le développement de ses capacités positives au détriment de ses tendances négatives, il doit se convaincre que selon les lois de la nature les deux seront toujours présentes en lui. Dans la transposition opérée par la danse c'est Rangda, l'esprit du Mal, qui s'insinue dans les corps de ses victimes, des disciples du Barong en général, en prend possession et les pousse enfin à se tuer. Les danseurs, possédés, tentent alors de se poignarder la poitrine avec un kris, mais le terrible geste est en général arrêté au dernier moment par une apparition bénéfique du Barong qui sauve les malheureux en leur révélant et en leur faisant accepter la présence inévitable de la bonté et de la malfaisance dans le monde et dans la vie de chacun.

LA DANSE KECHAK

Un autre spectacle particulièrement apprécié par les touristes est celui qu'offrent les danseurs de Kechak; il s'agit d'une danse dont les origines là aussi remontent à la mythologie indienne imprégnée de culture locale puisqu'elle s'inspire du *Ramayana*, le célèbre poème épique écrit en sanscrit. C'est l'histoire du roi Rama, de sa femme Dewi Sita et de son frère Laksamana exilés pendant 14 ans dans la forêt suite à des intrigues politiques pour la conquête du pouvoir; c'est à qu'ils sont poursuivis par Rahwana, le roi des démons, qui enlève Dewi Sita, et l'emmène dans son palais sur l'île de Lanka (Ceylon). Rama s'allie alors au peuple des singes dont l'armée écrase les troupes de Rahwana, permettant ainsi au roi Rama de libérer sa femme. Dans la danse c'est justement l'armée des singes qui est représentée à chaque spectacle de Kechak, par une centaine de danseurs accompagnés de quelques danseuses qui interprètent des personnages précis (Dewi Sita, Trijata). Les spectacles durent en général une heure et ont lieu le soir, en général vers 7hs.

En bas: danseurs étendus en rond pour mimer le dragon qui s'enroule autour de Rama. Seule l'intervention de l'oiseau Jatayu permettra au roi d'y échapper. A gauche: Dewi Sita et Laksamana rôdent dans la fôret.

Pages suivantes. L'armée du peuple des singes est incarnée par une centaine de danseurs qui bougent de façon rythmique.

Deux éléments typiques de la danse Topeng: les masques d'un vieux et de Patih.

A côté, deux groupes différents de musiciens: en haut avec les instruments caractéristiques en bois pratiquement identiques aux cloches des vaches, bien que plus volumineux, avec lesquels on obtient un genre de musique tout à fait particulier, l'*Okokan*; un autre genre de musique traditionnelle, la *Beleganjur*, s'obtient par contre avec les tambours (en bas). Les deux danses: l'*Okokan* et la *Beleganjur* constituent chaque année les attractions principales du Festival d'art balinais, qui se déroule entre la mi-juin et la mi-juillet.

LA DANSE TOPENG

Etroitement liée à des cérémonies religieuses et des processions, dont elle représente l'interlude rituel, la danse Topeng a elle aussi un caractère sacré, c'est pourquoi les étrangers ne sont admis à y assister qu'à condition que leur attitude soit sobre et respectueuse. En fait certains spectacles sont organisés expressément pour les touristes mais ceux-ci ne jouissent pas de la même faveur que les danses Barong et Kechak. Une particularité de la danse Topeng est que les visages des danseurs sont couverts de masques qui caractérisent les personnages par des attributs précis (moustaches et sourcils fournis pour le vieillard, air effronté pour Patih etc...). Le rythme des mouvements, eux aussi calqués sur l'âge et le rôle des personnages, est donné par un groupe de musiciens (appelé là aussi *gamelan*) qui joue un rôle fondamental pour la réussite du spectacle.

LES CEREMONIES RELIGIEUSES

Comme on l'a dit précédemment Bali est surnommée l' «Ile des Mille temples» ou aussi l' «Ile des Dieux» et ce n'est par hasard, car on trouve sur son territoire un nombre incroyable de lieux de culte, les seuls où l'on autorise la vénération rituelle des ancêtres et d'Ida Hyang Widi, le créateur suprême, accompagnée des différentes manifestations. Bien qu'ils soient très nombreux, chaque temple célèbre son propre anniversaire (*piodalan* dans la langue locale) correspondant au jour où il a été consacré. La célébration solennelle donne lieu à des cérémonies suggestives, rendues encore plus imposantes par le nombre incroyable de fidèles. Les rites durent de 1 à 3 jours dans le cas d'un temple destiné au culte d'une seule famille, 3 jours pour le temple appartenant à tout un village, de 7 à 11 jours si le temple en question est le plus grand de la région, celui qui est considéré comme le lieu de culte public par excel-

lence. Pour les cérémonies du *piodalan* chaque temple est décoré de façon somptueuse, pour l'honorer. Le rite du premier jour est le *memendak*: il s'agit de s'attirer les faveurs des esprits des ancêtres et de la divinité suprême Ida Hyang Widi accompagnée de ses différentes manifestations, qui doivent être présents à toutes les cérémonies suivantes. Devant eux les fidèles hindous défilent en procession, vêtus de façon élégante et recherchée, pour

Un lieu sacré soigneusement et richement décoré à l'occasion des célébrations pour son *piodalan* (anniversaire).

Pages suivantes. Longues processions de fidèles, vêtus avec recherche, qui se dirigent vers le temples avec les riches offrandes sous forme de compositions monumentales et pittoresques; ils les déposent en bon ordre dans le *pelinggih*, lieu où se manifestent les esprits. En bas: la prière pour obtenir paix et prospérité.

faire don de fleurs, de fruits et de gâteaux, le tout élaboré en compositions originales et pittoresques que les femmes portent habilement sur la tête. Après être entrés dans le temple les fidèles déposent leurs offrandes dans un *pelinggih* (le lieu où se manifestent les esprits des ancêtres et Ida Hyang Widi); s'il n'est pas assez grand les offrandes sont déposées devant; ensuite la femme qui, au nom de sa famille apporte les offrandes sur sa tête rend hommage avec ses conjoints accompagnée d'un *pemangku* (prêtre qui officie à l'intérieur du temple). Pour la fonction la fidèle utilise des fleurs et de l'encens. Quand tout le monde a prié, les *pemangku* aspergent leur tête

Une démonstration de l'adresse avec laquelle les femmes hindoues portent sur la tête les compositions élancées d'offrandes votives. A côté: procession de fidèles qui s'éloignent du temple après la cérémonie.

En haut: un *pemangku* avec les assistants habillés en blanc, entouré de fidèles assis et absorbés par la prière, alors que d'autres portent en équilibre sur la tête dons et offrandes. En bas: un *pedanda*, prêtre brahmane, avec les objets rituels, préside à une cérémonie pour demander aux ancêtres et à Ida Hyang Widi avec ses manifestations de demeurer dans le *pelinggih* du temple.

La très belle porte d'entrée d'un temple, appelée *Kuri Agung* ou *Candi Kurung*. Remarquer le travail de sculpture de la pierre, magistralement réalisé.

d'eau sacrée pendant que les fidèles la boivent en signe de réalisation d'un don de la part d'Ida Hyang Widi. A la fin de la cérémonie chacun rentre chez soi avec les offrandes respectives qui seront consommées par toute la famille.

Les cérémonies comme on l'a dit durent pendant plusieurs jours, à la fin desquels se tient un rite particulier, le *ngeluhur* (retour à la demeure éternelle), célébré justement pour accompagner le retour des esprits des ancêtres et d'Ida Hyang Widi dans leur ultime demeure: la montagne sacrée. Ce rite important est présidé par un autre prêtre, un *pedanda*, aidé par des *pemangku* du temple. Le succès du *piodalan* dépend de sa réussite.

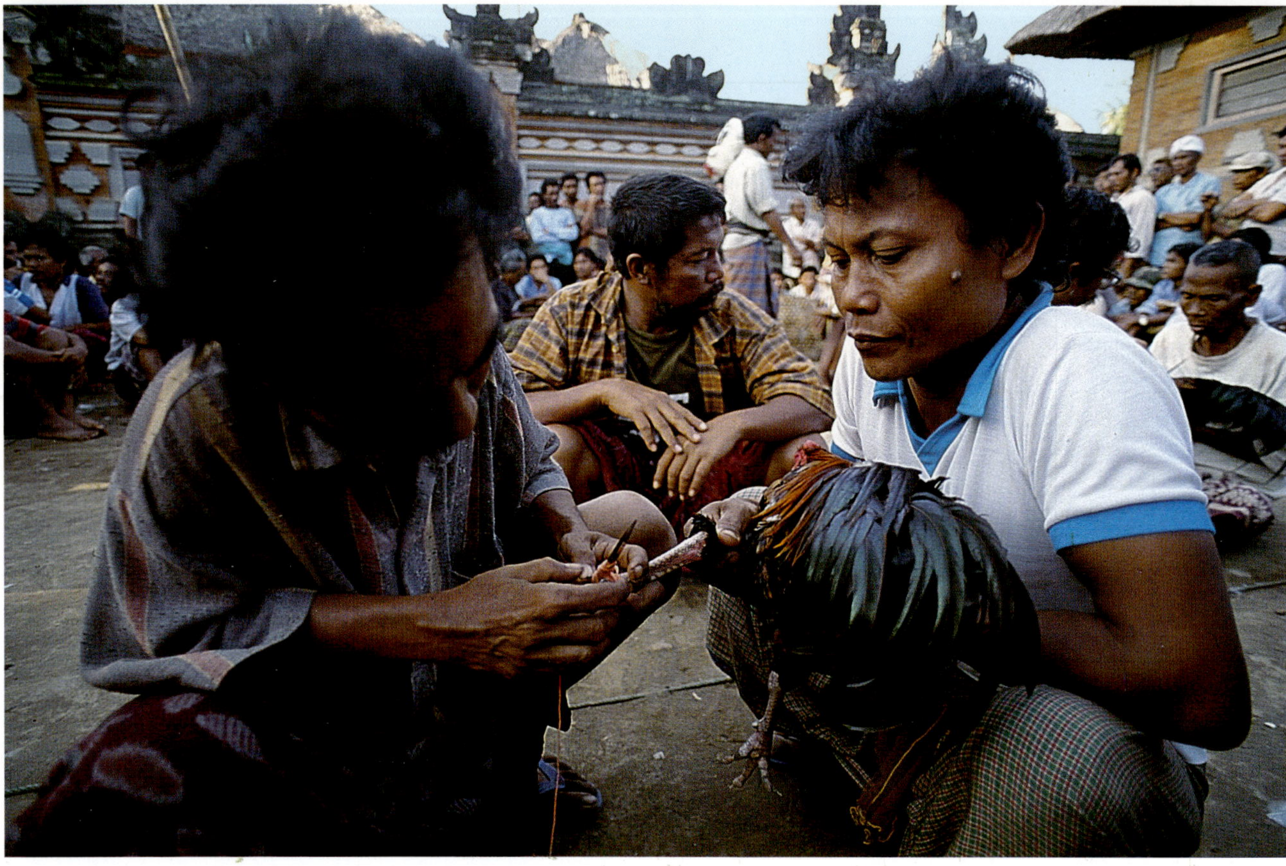

Deux moments d'un combat entre coqs: en haut l'application de l'éperon métallique, en bas le début du combat.

LE COMBAT DE COQS

Directement lié au déroulement des cérémonies religieuses appelées *Tabuh Rah*, et donc imprégné de valeur culturelle, le combat de coqs est un spectacle particulièrement apprécié par les balinais. Il constitue un prologue de la cérémonie à proprement parler, appelé *mecaru*, qui permet d'offrir le sang versé pour s'attirer les faveurs de *Buta Kala* (l'esprit du Mal) afin qu'il ne dérange pas le rite suivant. En effet la lutte des coqs peut devenir extrêmement sanglante à cause de l'éperon en métal aiguisé qui est appliqué avant le combat à une des pattes des deux adversaires; derrière eux s'agitent de véritables groupes de supporters qui entourent les entraîneurs (*pekembar*), qui ne lésinent pas leurs efforts pour que la lutte se poursuive jusqu'à ses extrêmes conséquences, c'est à dire la fuite ou la mort d'un des deux combattants. Bien que le spectacle ait lieu devant l'entrée du temple, il fait l'objet de paris juteux exploités par des gens sans scrupules qui l'ont transformé en un véritable jeu de hasard, ce qui a amené le gouvernement à intervenir pour l'interdire officiellement.

LES MARIAGES A BALI

Le *pawiwahan* (mariage entre deux personnes de religion hindoue) représente un moment important dans la vie sociale des balinais. Le rite se déroule en général dans la maison du marié, comme le veut la culture typiquement patriarcale de Bali, et est célébré par un prêtre. Les futurs époux, habillés de façon recherchée et avec des vêtements, réservés exclusivement au jour du mariage, commencent la cérémonie par une prière dans le temple de famille. Ils vont ensuite présenter leurs offrandes dans le *pelinggih* et font une série d'actions rituelles. Un moment caractéristique est celui où la mariée sert à son époux différentes boissons: une façon conventionnelle pour affirmer que la femme, en sa qualité d'épouse, s'engage à obéir et à prendre soin avec amour et fidélité de son mari pendant toute sa vie.

A droite: deux époux dans les costumes caractéristiques posent pour le photographe, entourés de deux jeunes filles, face au *pelinggih* dans le temple de famille, juste avant de se retirer pour les prières rituelles. En bas: l'épouse sert à boire au mari pour réaffirmer sa soumission et son dévouement, selon les coutumes traditionnelles.

Le grand taureau en bois couvert de tissu blanc et la tour qui abrite la dépouille, transportés en procession de la maison du défunt au lieu de la crémation.
A gauche: la majestueuse tour à neuf étages, réservée exclusivement aux membres de la famille royale.

LA CREMATION

Même les funérailles hindous à Bali prennent des airs de cérémonie en grande pompe et ont pour la population locale une énorme importance du point de vue culturel et religieux. Elles demandent une organisation complexe et ameutent une grande foule qui tourne autour du lieu de la crémation du cadavre (*ngaben* ou *pelebon*); cette pratique est considérée comme indispensable pour permettre aux cinq éléments qui composent le microcosme du corps humain, de retourner dans leur lieu d'origine: le macrocosme de l'univers. Les cinq éléments, *Panca Maha Bhuta,* sont: la terre (*pertiwi*) l'eau (*apah*), le feu (*teja*), l'air (*bayu*) et l'espace (*akasa*), et puisqu'ils ne peuvent reprendre leur dimension primordiale qu'à travers l'eau et le feu, après la crémation des corps les cendres sont éparpillées dans la mer ou simplement dans les eaux d'un fleuve si la mer est trop éloignée.
La cérémonie funèbre est en général dirigée par un prêtre et enrichie par de nombreux dons. On construit à cette occasion une grande structure en bois en forme de taureau que l'on recouvre de

SUBAK KELEPEKAN

La dépouille du défunt, placée à l'intérieur du taureau en bois, brûle lentement avec l'apparat monumental.

draps, blancs si le défunt appartenait à une caste sacerdotale ou noirs dans les autres cas, car la personne n'aurait pas pu de son vivant se purifier totalement. On élève ensuite une espèce de tour avec des toits superposés (*bade*) en bois et en bambou, savamment décorée et peinte de couleurs voyantes (il en existe une majestueuse, à neuf étages, réservée exclusivement aux membres de la famille régnante), qui accueille la dépouille et qui est conduite en procession avec le taureau en bois de la maison de famille du défunt jusqu'au lieu prévu pour la crémation. Là le corps est installé dans l'espace ménagé à cet effet à l'intérieur du taureau en bois, et on y met le feu. La flambée dure longtemps; toute la population accompagne et assiste aux différentes phases de la cérémonie ainsi que les touristes si la famille du mort le permet et s'ils se conduisent de façon adéquate.
Des funérailles de cette ampleur coûtent bien sûr extrêmement cher, d'autant plus que la tour et le taureau sont réalisées avec grand soin et sont de véritables oeuvres d'art. A l'heure actuelle les familles qui ne peuvent affronter ces dépenses choisissent des cérémonies collectives ou bien font construire des structures moins grandioses en simple bois de bananier.

Un village balinais typique, entouré de rizières et de véritables forêts de palmiers.

Ci-dessus et dans les pages suivantes. Un panorama caractéristique et suggestif de l'île: terrasses verdoyantes plantées de riz avec les rangées de palmiers qui serpentent autour du *Pura* (Temple) du village.

LES RIZIERES

L'élément caractéristique de la structure économique balinaise est le village entouré de rizières et de cocotiers. La vie des habitants du village dépend en effet traditionnellement des produits de l'agriculture. Mais récemment, le développement progressif du tourisme a poussé de plus en plus d'agriculteurs à se consacrer à la réalisation de produits artisanaux, en apprenant les secrets de la fabrication traditionnelle des artistes des différents villages. Aussi y a t'il maintenant une multitude de peintres, de graveurs et de tisserands; et puis il y a les femmes qui généralement s'occupent de la vente des produits de la terre et des petits objets réalisés à la maison, surtout pour l'habillement. D'ailleurs le peuple balinais est un peuple connu pour son énergie et sa capacité de travail, mais également pour ses dons artistiques qui se transmettent depuis des siècles de génération en génération. Profondément lié à ses traditions, il est aussi caractérisé par une dévotion religieuse authentique: les exigences de la vie matérielle ne sont pas séparées des préoccupations spirituelles ce qui fait qu'il n'est pas rare de rencontrer le *Pura* du village entouré de vastes rizières ou de grandes étendues de palmiers. Il y a en outre des cérémonies rituelles que les balinais observent rigoureusement: la plus importante est appelée *yadnya* et elle est consacrée aux ancêtres et au créateur suprême Ida Hyang Widi; mais il y en a cinq autres (*Panca yadnya*) qui sont consacrées dans l'ordre au dieu (*Dewa yadnya*), aux ancêtres (*Pitra yadnya*), au prêtre (*Rsi yadnya*), au genre humain (*Manusa yadnya*) et à l'esprit du Mal (*Bhuta yadnya*). De cette façon dans chaque cérémonie on célèbre en pleine harmonie la religion, la tradition et le substrat culturel.

Les habitants des villages balinais sont traditionnellement divisés en plusieurs *Banjar*, groupements comprenant de 50 à 100 familles (la famille reste toutefois la cellule de base de la structure familiale balinaise), dont les membres sont tenus à se prêter une assistance mutuelle lors des différentes phases de la vie sociale et à participer à des consultations publiques périodiques dans un lieu appelé *Bale Banjar*. Chaque *Banjar* possède en outre un petit orchestre traditionnel (*gamelan*), souvent accompagné d'une véritable compagnie artistique (*Sekaa*).

Le labourage des rizières avec la traditionnelle charrue en bois.

A gauche: une image des terrasses surlesquelles poussent les plants de riz, qui seront ensuite libérés des mauvaises herbes. Ci-dessus: une femme effectuant le battage du riz.

LE TRAVAIL DANS LES RIZIERES

L'amour des Balinais pour un système de vie intimement communautaire se reflète également sur les coutumes et les rapports de travail. Les agriculteurs s'occupent principalement de la culture du riz selon des méthodes traditionnelles: ils labourent la terre avec des charrues tirées par deux vaches (rares sont ceux qui ont commencé à utiliser des machines agricoles, les considérant plus utiles qu'une ou deux vaches); ils sèment le riz, et quand les plantes ont suffisamment poussé ils les débarrassent des mauvaises herbes pour qu'elles puissent s'épanouir en toute liberté et devenir vigoureuses; dans ce but l'agriculteur se sert de groupes d'ouvriers agricoles. Ce n'est que récemment que s'est développée l'habitude de les rétribuer avec de l'argent, auparavant on partageait la récolte de façon paritaire. D'ailleurs les agriculteurs et les ouvriers agricoles prient toujours ensemble dans le temple qui se trouve au centre de la rizière (*Ulunsuwi*), et son entretien leur échoit également. Cela montre la façon dont le peuple balinais s'efforce de concilier les exigences matérielles et spirituelles de l'existence.

LA RECOLTE DU RIZ

La phase de la récolte dans la rizière est extrêmement importante et comporte une série d'opérations complexes. Il existe aujourd'hui des établissements équipés de machines qui trient et nettoient le riz, mais en général, dans le cadre de la famille de l'agriculteur les différentes opérations sont confiées à ses différents membres: les hommes sèment, cultivent, plantent, récoltent; les femmes participent aussi à la récolte, de plus elles battent et trient le riz, le font cuire, servent à table les mets et préparent les offrandes pour les cérémonies rituelles. L'élément principal dans l'alimentation des familles des fermes est naturellement le riz, accompagné parfois d'autres types de nourriture comme le poisson, le sel et les légumes. La viande n'est consommée que dans certaines circonstances particulières, et c'est en général de la viande de porc, de boeuf ou bien du poulet ou du canard.

Fruits tropicaux savoureux et bariolés sur l'étal d'un magasin.
A côté les *rambutan* caractéristiques.

LES FRUITS TROPICAUX

Dans la palette de couleurs éclatantes qui caractérise à tout moment la vie balinaise, nous ne pouvions pas passer sous silence celles des nombreux fruits tropicaux que l'on trouve sur l'île. Ils proviennent la plupart du temps de la région la plus à l'est de Bali, le Karangasem et ils trônent dans tous les marchés balinais rangés en bon ordre dans de grands récipients. Il existe au moins une douzaine d'espèces de bananes, qui diffèrent par leur couleur et leur saveur, des mandarines et des pamplemousses particuliers, des grenades et des ananas bien sûr mais aussi des variétés plus insolites: le *salak*, un drôle de fruit marron en forme de grappe, le *sawo*, qui ressemble à une pomme de terre mais a un goût de poire, le *blimbing*, adoré par les femmes de Bali, le fameux *rambutan*, reconnaissable à ses épines souples et charnues, le *sirsak*, vert et très sucré, la papaye et encore le *nangka*, à l'écorce épaisse et jaunâtre, les célèbres *mangosteen*, petits fruits marrons au coeur blanc et charnu. Cette énorme variété d'espèces rend les desserts que l'on peut goûter à Bali très originaux et particulièrement goûteux. Mais ce ne sont pas que les touristes qui en profitent: beaucoup de ces fruits représentent un élément important des monumentales compositions offertes en don dans les temples pendant les cérémonies religieuses.

LE BERGER DE CANARDS

A Bali on peut même rencontrer des «bergers» menant au pâturage de petits troupeaux de canards! Il s'agit d'agriculteurs qui, pour augmenter les revenus du ménage, se consacrent à ce type d'élevage qui leur permet de vendre au marché des oeufs et de la viande. De plus le canard est un animal recherché pour être offert pendant les cérémonies religieuses: en effet celui-ci est considéré comme sacré par les Balinais à cause de sa tendance à ne jamais se battre avec les autres animaux et parcequ'il choisit avec soin sa nourriture (surtout le canard blanc). De sorte que lors de la pleine lune en octobre et en avril, qui est le moment propice pour s'adonner aux rites traditionnels, le prix des canards augmente sensiblement.
D'ordinaire les «bergers» conduisent leurs troupeaux dans les rizières, où le matin on a récolté le riz, pour qu'ils puissent se procurer la nourriture par eux-mêmes, et compléter ainsi la pitance préparée chez lui par leur propriétaire et qui leur sera donnée à leur retour à l'étable.

Un berger avec son troupeau d'une centaine de canards.

LES RESSOURCES DE LA MER

La mer aussi offre aux Balinais des ressources concrètes. Il y a d'ailleurs de nombreux pêcheurs qui exercent leur métier selon les techniques traditionnelles, en travaillant en contact étroit avec les autres, toujours prêts à s'aider mutuellement. Ils sortent en mer avec les embarcations typiques fabriquées à l'ancienne, en bois (il y a très peu de bateaux équipés de moteurs) et empruntent très peu à la technologie moderne: même les filets en nylon produits de façon industrielle n'ont pas eu de succès auprès d'eux. On a seulement mis en place un système de congélation qui permet d'exporter les produits de la pêche.

Au retour de chaque sortie en mer, la vie du pêcheur balinais connaît un véritable rite, le *ngujur* ou récolte du poisson qui est tombé sur la plage au moment de son transfert de la barque aux récipients prévus à cet effet. Cette singulière activité est pratiquement le monopole des enfants qui, en échange, demandent au pêcheur un ou deux poissons; celui-ci se garde bien de refuser, par superstition, car selon une croyance cela tiendra loin de lui les ennuis et le mauvais sort en général.

Naturellement les barques ne servent pas qu'à la pêche: elles sont aussi utilisées pour le transport de choses et de personnes, y compris les touristes qui désirent faire cette expérience.

Un autre produit que les Balinais tirent des eaux de la mer est le sel, pour lequel il existe un marché florissant, à cause en particulier des vertus thérapeutiques attribuées aux sels riches en iode dans le traitement des affections de la thyroïde. En réalité le métier de producteur de sel n'est pas très rentable, surtout parcequ'il est étroitement lié aux saisons. Le procédé consiste à recueillir de l'eau de mer dans des feuilles de palmier (*pelepah*) du type *areca* (il est facile de les voir utiliser à Kusamba Beach, près de Semarapura Town, la capitale du Klungkung) et de la faire évaporer au soleil. Il est donc évident que pendant la saison des pluies cette activité est destinée à être suspendue; pour pallier à cet inconvénient on s'est résigné dans certains cas à recourir à d'autres méthodes, comme par exemple faire bouillir l'eau de mer dans de grands récipients jusqu'à ce qu'elle s'évapore complètement.

Les pêcheurs sortent en mer avec les barques en bois traditionnelles.

Un Balinais porte sur les épaules les instruments classiques pour recueillir l'eau de mer (première phase du procédé pour la production du sel).

Un sculpteur à l'ouvrage fabriquant quelques masques.

Le travail délicat de sculpture d'un tronc d'arbre entier.

LES SCULPTURES EN BOIS

Une des activités balinaises que les touristes apprécient le plus, qu'ils soient locaux ou étrangers (et qui contribue grandement à l'essor de l'économie) est certainement celle de la sculpture du bois. C'est une véritable forme d'art qui se perpétue de génération en génération et a fait de nombreux adeptes sur l'île, jouissant d'une renommée flatteuse. Le village de Mas, par exemple, est devenu célèbre grâce à ses fameux sculpteurs. Ce sont en général les hommes qui pratiquent cette activité, alors que les femmes collaborent presque exclusivement aux phases de polissage et de coloration de l'oeuvre. La production est extrêmement variée: elle va des personnages mythologiques aux reproductions naturalistes d'animaux, en passant par les fleurs et les fruits parfaitement bien imités et colorés d'après nature, et les meubles, portes, fenêtres et colonnes réalisés avec grand savoir-faire.
Parmi les articles les plus recherchés mentionnons les panneaux, utilisés habituellement pour la décoration des murs internes des maisons. Plusieurs essences de bois sont employées: l'ébène, provenant de Sulawesi et Kalimantan, le teck (de Java) - utilisé en particulier pour les panneaux, les portes, les fenêtres et les meubles - et différentes espèces locales comme le *sawo*, le *panggal buaya*, le *waru* (une sorte d'hibiscus) le *nangka* etc... Dans certains cas on sculpte aussi des troncs d'arbres entiers, qui demandent un travail beaucoup plus complexe et ardu qu'un simple morceau de bois. Les Balinais apprécient ce genre d'art, au point que les personnes aisées aiment faire décorer leurs propres maisons et les lieux privés de prière. De nombreux édifices de Bali portent ces ornements. Mais le vrai destinataire d'une production aussi élaborée est certainement le touriste qui, de son côté, montre clairement son appréciation. Voilà pourquoi les pouvoirs locaux mettent à la disposition des sculpteurs des emplacements, où ils peuvent mettre sur pied des marchés et vendre directement leurs oeuvres. Les prix sont éta-

Quelques objets fabriqués en bois sculpté: en haut à gauche le visage très chargé de Rangda, habituellement associé au dieu de la mort; à droite deux sculpteurs en train de préparer des instruments de musique; en bas une femme en train de peindre des objets en bois.

A côté: plusieurs exemples de statues balinaises en pierre, représentant les principales divinités hindoues, manifestations d'Ida Hyang Widi, et deux artisans en train de les sculpter.

blis en fonction des caractéristiques et des qualités de chaque produit. Le marché de l'art et les centres commerciaux sont donc florissants à Bali; malgré tout il n'est pas rare de rencontrer des sculpteurs sur bois qui, pour vivre, exercent un autre métier: l'agriculteur, l'employé etc...

LE TRAVAIL DE LA PIERRE

Outre le bois, les Balinais ont accumulé un grand savoir-faire dans la sculpture et la gravure de la pierre; surtout un type de pierre très apprécié et connu sur l'île, appelée *Padas*, ou pierre de lave. Le niveau qualitatif des oeuvres dans ce matériau est aussi élevé que celui des produits artistiques en bois. C'est la raison pour laquelle les temples de Bali sont réalisés la plupart du temps en pierre et terre cuite magnifiquement travaillés, de même que les édifices publics qui sont de même niveau. Il n'est pas rare de rencontre aussi d'admirables statues, en général à

caractère sacré: images de divinités de la religion hindoue, non seulement sur les lieux de culte mais également dans les coins de rue, les jardins et les maisons de Bali; et les touristes résistent difficilement au charme de cet art typique qu'ils apprécient énormément. Seules les difficultés compréhensibles du transport et d'un emplacement à trouver pour ces oeuvres, les empêchent très souvent de les acheter.

LA PEINTURE

Toujours dans le domaine artistique, il faut aussi parler de ces habiles artisans que sont les peintres balinais, qui par la variété et la beauté de leurs créations s'attirent l'admiration des visiteurs étrangers. Certains villages de l'île comme Batuan, Ubud et Kamasan jouissent d'une grande renommée quant à la peinture qui s'y pratique. C'est là que travaillent de célèbres artistes locaux: I Gusti Nyoman Lempad (malheureusement disparu), Anak Agung Gede Sobrat, Ida Bagus Made, I Wayan Jata, Kobot etc... Et c'est là qu'ont choisi de vivre également des peintres nés ailleurs et déjà affirmés: Antonio Blanco, Arie Smit, Hans Snel, Le Mayeur, Walter Spice (ces derniers sont décédés récemment). Le succès des peintres balinais est tel que leurs oeuvres sont exposés et vendues dans de grands centres commerciaux spécialisés et leur contribution au développement de l'économie et à l'amélioration du niveau de vie de la population de l'île est évidente.

Un artiste en train de peindre des fruits et un oiseau posé sur les branches d'un *psidium guajava.*

Un tableau illustrant les différentes occupations des paysans dans une rizière. C'est un produit typique du courant de peinture le plus suivi à Bali, appelé *Young Artist*, qui a eu comme chef de file Arie Smit.

Le promontoire sur lequel s'élève le temple Uluwatu, avec une vue suggestive du coucher de soleil.

Vue des enceintes du temple avec les portes d'entrée, les *Candi Bentar*.

ULUWATU

Le temple Uluwatu, situé sur la côte au sud-ouest de Bali et dédié à Dewa Rudra dans le cadre du *Nawa Sanga* (les neuf manifestations de la divinité suprême) s'élève à un endroit vraiment enchanteur, sur un promontoire d'où l'on peut admirer de magnifiques couchers de soleil à perte de vue sur l'océan indonésien. Il s'agit d'un des plus importants temples de Bali, un lieu de culte public, ouvert à tous les fidèles hindous, sans distinction de classe ni de profession ou de provenance. C'est donc ici que se réunissent périodiquement pour prier, à l'occasion des cérémonies rituelles de véritables foules de dévots qui apportent d'abondantes offrandes pour invoquer du dieu paix et prospérité. Comme d'autres grands temples balinais, l'Uluwatu est divisé en trois enceintes: le *jabaan* qui est la plus extérieure, le *jaba tengah* (avec au milieu une porte appelée *Candi Bentar*) et le *jeroan*, à l'intérieur. La partie supérieure de la *Candi Bentar* a une forme arquée qui rappelle celle des ailes d'oiseau et que l'on trouve rarement dans l'architecture balinaise. Une fois que l'on a pénétré dans le *jeroan*, il faut passer par une autre porte (*Candi Kurung* ou *Kuri Agung*), symbolisant la montagne sacrée de Mahameru gardée par deux statues représentant le dieu Ganesh (*Dwarapala*) placées de part et d'autre. La *Candi Kurung* est couronnée par une majestueuse figure décorative (*Kala Head*) qui présente deux yeux ainsi qu'un grand collier; et la *Kala Head* est à son tour surmontée du *Guci Amertha* (source de vie). Dans l'ensemble, ce temple, avec sa structure architecturale particulière, représente un lieu extrêmement évocateur, et, étant donné sa proximité de l'aéroport international et des centres touristiques de la Badung Regency (Kuta et Nusa Dua) il fait l'objet de très nombreuses visites. Il faut cependant préciser que les touristes ne sont pas admis pendant les cérémonies religieuses et que leur visite est de toutes les façons subordonnée au respect rigoureux des règles (habillement adéquat, y compris un châle autour de la taille, comportement décent etc...); en outre les femmes ne sont pas autorisées à y entrer pendant leur cycle menstruel car on juge qu'elles sont impures. Malgré cela il est facile de se rendre à Uluwatu, car les véhicules peuvent se garer à 200 mt seulement du temple où un parking à été aménagé.

Le Tanah Lot, qui à marée haute est entièrement recouvert par les eaux de la mer. La vue est ravissante dans la lueur diffuse du coucher de soleil.

TANAH LOT

Singulier et très caractéristique, le temple de Tanah Lot a été construit sur une minuscule presqu'île qui, à marée haute devient une île à laquelle on ne peut plus accéder de la plage. Sa vision est à vous couper le souffle quand il se découpe sur un fond de coucher de soleil et que les vagues mousseuses qui s'y brisent se détachent dans le jour finissant... Situé à 27 kms seulement de Denpasar, c'est un des lieux préférés des touristes et très fréquenté également par la population hindoue, car c'est l'un des temples *Dang Kahyangan* qui leur est particulièrement cher. Il est étroitement lié en effet au souvenir et à la vénération d'un personnage auréolé d'un grand charisme: le prêtre hindou Dang Hyang Nirartha, qui, en 1489 arriva à Bali en provenance de Madjapahit (à l'est de Java) pour y séjourner brièvement mais en fait y resta toute sa vie, en se battant avec la population pour la défense de la culture locale dans le respect de l'esprit de la religion hindoue. Selon ces croyances, il fut un moksah, c'est à dire un homme capable de mourir sans abandonner son corps, dans le temple d'Uluwatu. D'ailleurs la culture balinaise est fortement imprégnée de ces croyances qui incorporent les exigences inévitables du progrès et du développement moderne.

Quant aux cérémonies religieuses qui se déroulent dans le Tanah Lot (qui sont souvent conditionnées par le mouvement de la mer: en cas de marée haute on prie sur la plage en face de l'île), les fidèles y accourent en grand nombre de Bali et même d'ailleurs, les bras chargés d'offrandes et désireux de rendre hommage à la grandeur de Dang Hyang Nirartha et d'adresser des prières au dieu suprême: Ida Hyang Widi, pour qu'il accorde prospérité et sérénité au corps et à l'âme.

LA FORÊT DES SINGES

A Bali il existe de nombreux lieux (des forêts en particulier) où vivent en toute tranquillité des dizaines, parfois même des centaines de singes, qui représentent une véritable attraction pour les touristes. En fait pour le peuple balinais les «forêts des singes» sont des lieux sacrés, la preuve en est que sous leurs arbres s'abrite souvent un temple. Souvent aussi une de ces forêts contient un arbre sacré appelé *pala*, et dont le bois et le tronc majestueux ne peuvent être ni touchés ni a fortiori être utilisés, à moins que celui-ci ne tombe pour des raisons naturelles: c'est la foi qui vient au secours des dernières forêts qui subsistent à Bali. Une des «forêts des singes» les plus connues (à part celle d'Alas Kedaton, près du village de Marga dans la Tabanan Regency) se trouve dans la Badung Regency et s'appelle Sangeh. Elle a, conformément à la tradition un *pala* et un temple, le Taman Sari, fréquenté par les fidèles à l'occasion des cérémonies et par les touristes tous les jours. Les pouvoirs locaux, du reste, ont essayé d'encourager le tourisme en construisant des zones de stationnement le long des différentes voies d'accès. Les visiteurs de leur côté apprécient les promenades dans les forêts, ce qui leur permet à la fois de visiter le temple et de donner à manger aux singes. Cette dernière activité cependant comporte quelques risques car les singes sont des animaux imprévisibles et taquins et si la nourriture qu'on leur offre ne leur plaît pas, ils n'hésitent pas à les assaillir, attirés par les petits objets que ceux-ci portent avec eux. Les gardes de ces forêts ont souvent fort à faire pour les tenir éloignés. La prudence est recommandée aux touristes, et en cas de besoin ils doivent s'adresser sans hésiter à ces gardes pour recevoir une aide qualifiée.

Les singes, qui donnent leur nom aux *Monkey Forests*, lieux sacrés pour les Balinais.

Le temple Taman Ayun à Mengwi, avec le fossé, les pagodes et à droite le *Dwarapala*, la grande statue qui veille sur son entrée.

LE TEMPLE TAMAN AYUN A MENGWI

Avant que l'Indonésie ne devienne une nation indépendante, il existait à Bali de nombreux règnes dont celui de Mengwi sous la juridiction duquel était placé le très beau temple Taman Ayun. Celui-ci exerce encore aujourd'hui une fascination toute particulière sur les nombreux touristes à cause de sa grande originalité et de son charme. Il se distingue surtout par le grand nombre de pagodes ou *Meru*, qui s'élèvent dans l'enceinte intérieure; il s'agit de représentations symboliques de la montagne sacrée Mahameru, où selon la tradition demeureraient le dieu suprême et les âmes des ancêtres qui y arriveraient après avoir été consacrées par la cérémonie de la crémation (*Ngaben*) et de la purification (*Memukur*). En outre, dans l'enceinte centrale du temple trône une grande statue (*Dwarapala*), image d'un géant brandissant une arme (*gada*) qui semble garder son entrée. C'est une présence inhabituelle dans les lieux sacrés balinais, bien qu'en général il y ait deux statues montant la garde à droite et à gauche de la zone d'accès. Le géant du Taman Ayun en particulier a quelque chose de diabolique: yeux globuleux et hallucinés, corps massif, cheveux frisés en plus de la présence menaçante du *gada*. A Taman Ayun les fidèles affluent en grand nombre de tout le district de

Les offrandes rituelles présentées chaque jour par les fidèles de la communauté hindoue; au fond le temple Taman Ayun.

Le temple Ulun Danu, sur le lac Beratan, avec deux pagodes aux toits respectivement à onze et trois étages.

Pages suivantes. Une vue très évocatrice du temple Ulun Danu à Bedugul.

Mengwi, pour rendre hommage à la grandeur de ses anciens rois et exprimer leur dévotion envers le dieu suprême à travers ses manifestations. Les visiteurs étrangers sont une présence constante et assidue, aidée par le fait qu'il est assez facile de se rendre au temple, bien que l'accès ne soit pas autorisé au-delà de l'enceinte exterieure pour en admirer les beautés. Toutefois même une simple promenade autour du mur extérieur (entouré d'un fossé dont l'eau provient d'un fleuve qui coule près du temple) offre des émotions et permet de contempler des paysages uniques en leur genre.

LE TEMPLE ULUN DANU

Le temple Ulun Danu se trouve sur le lac Beratan, à Bedugul, dans la Tabanan Regency. Le panorama que l'on peut y contempler dans l'air limpide et frais des montagnes avoisinantes est de toute beauté et c'est ce qui attire entre autres les visiteurs qui y viennent en grand nombre.
Comme le Taman Ayun, le temple Ulun Danu se caractérise par la présence de pagodes ou *Meru*, avec leurs toits à étages. Le *Meru* est, selon la tradition, la demeure sacrée (*sthana*) soit du dieu tout-puissant Ida Hyang Widi à travers ses manifestations, soit des esprits des ancêtres, du moins de ceux auxquels on attribue de grands mérites. Dans le premier cas, le nombre d'étages des pagodes symbolise les différentes manifestations connues d'Ida Hyang Widi de sorte que, si le *Meru* est consacré à ce dieu, on peut trouver des pagodes à 3,5,7,9 et 11 étages correspondant respectivement à la *Tri-murti*, au *Panca Dewata* (5 manifestations), au *Sapta Dewata* (7), au *Nawa Sanga* (9) et à *l'Ekasada Rudra* (11).
Dans le cas où le *Meru* est considéré comme le réceptacle sacré ou *sthana* des esprits des ancêtres, le nombre des étages de son toit reflète exclusivement la classe sociale à laquelle le *Meru* est consacré.
Le temple Ulun Danu en particulier veut représenter la puissance vivificatrice du lac, car de ses eaux dépendent la fertilité et la prospérité des cultures de toutes les zones limitrophes. En effet celui-ci est consacré à Dewi Danu, déesse du lac et manifestation de la divinité suprême, à laquelle les fidèles (des agriculteurs pour la plupart) au cours des cérémonies apportent des offrandes en invoquant bien-être et prospérité. Quant aux touristes, comme dans les autres cas, ils ne sont admis que jusqu'à l'enceinte extérieure.

La *Goa Gajah*, plus connue sous le nom de Caverne de l'Eléphant.

Pages suivantes. Le grand bassin près de la Caverne de l'Eléphant avec les six statues anthropomorphes qui servent de fontaines.

LA CAVERNE DE L'ELEPHANT

Bali offre aussi des sujets d'interêt aux archéologues: par exemple la célèbre «Caverne de l'Eléphant» (*Goa Gajah*) qui d'après l'inscription placée à droite de sa porte d'entrée, remonte environ au XI° siècle. Il s'agissait probablement à l'origine d'un ensemble plus vaste de bâtiments sacrés réservés à la prière, mais aussi à la méditation et aux pratiques ascétiques. On pense qu'il était fréquenté aussi bien par des fidèles hindous que par des bouddhistes, mais ce qui est certain c'est que le caractère sacré du lieu s'est conservé jusqu'à nos jours puisque aujourd'hui encore on y célèbre des rites qui attirent de toute l'île des personnes qui apportent des offrandes et y prient. La Caverne de l'Eléphant présente une structure intéressante, la porte d'entrée est encadrée par un magnifique décor en relief orné de motifs d'animaux et de plantes. A l'intérieur s'ouvrent 15 niches, de formes et dimensions différentes. La niche située le plus à l'ouest abrite une statue de Ganesh, alors dans la partie située à l'est se trouvent 3 *lingga*, symboles phalliques du dieu Siwa. Devant l'entrée de la caverne se dressent les deux statues préposées traditionnellement à la protection du lieu sacré (*Dwarapala*). A l'intérieur, à 5 mètres environ de l'entrée, on trouve par contre un élément inhabituel, un grand bassin en pierre orné de 6 statues monumentales, d'où l'eau jaillit. L'ensemble est parfaitement conservé (les statues en particulier ont été restaurées en 1954). C'était probablement le lieu où les fidèles lavaient et purifiaient leurs mains et leurs visages avant de se retirer pour méditer.
Les autorités nationales et locales ont compris l'importance de cette caverne de *Goa Gajah,* et ils ont contribué activement à sa bonne conservation tout en déployant des efforts pour attirer ici un tourisme culturel. La Caverne de l'Eléphant est donc devenue le but de nombreuses visites de la part de touristes étrangers et locaux, surtout en période de vacances scolaires, et, aprés avoir représenté un haut-lieu de la culture et de l'histoire de l'île, elle représente un des moteurs du développement économique de la région.

Un détail de l'intéressante enlevure en pierre de Yeh Pulu, près de Bedulu mais aussi dans les environs de la *Goa Gajah*.

Une vue suggestive des berges verdoyantes du fleuve Pakerisan, qui coule le long de la faille qui s'ouvre comme une porte sur la pente du mont Gunung Kawi.

GUNUNG KAWI

Comme le *Goa Gajah*, le sanctuaire de Gunung Kawi remonte lui aussi au XI° siècle. Perché sur une hauteur, en position panoramique, il est visité tous les jours par des touristes attirés non seulement par la beauté de la nature qui l'entoure, mais aussi par les monuments qui l'enrichissent et par la culture dont il témoigne. Des zones de parking ont donc été aménagées tout spécialement, ainsi qu'une série d'escaliers qui facilitent l'accès au lieu sacré. Le sanctuaire est directement rattaché à la mémoire du roi Anak Wungsu, noble fils du roi Udayana Warmadewa et de la reine Mahendradatta, qui a gouverné de 1049 à 1077. Tous les renseignements que nous avons proviennent du texte sur les sanctuaires intitulé: *Haji lumah ing Jalu*. Aujourd'hui encore le sanctuaire de Gunung Kawi est un centre de cérémonies rituelles et accueille la population locale qui s'y rend périodiquement pour apporter les offrandes habituelles, rendre hommage au dieu ancien et à sa famille ainsi que pour prier les dieux.

Pages précédentes. Le Gunung Kawi ou Temple du rocher coupé, lieu de méditation et de prière.

Le *Tirta Empul* ou Eau de la source sacrée, lieu sacré près de Tampaksiring.

La population hindoue a l'habitude de se purifier en s'immergeant dans les eaux sacrées qui coulent à l'intérieur du sanctuaire.

TIRTA EMPUL

Non loin du Gunung Kawi se trouve le village de Tampaksiring, dans la Gianyar Regency, localité connue pour la présence du *Tirta Empul* (terme qui signifie à peu près «eau de source» ou bien «source d'eau») lieu de prière placé au centre du temple du même nom (Temple de la source d'eau sacrée). Comme son nom l'indique, l'eau qui jaillit de cette source est considérée comme sacrée et de ce fait elle est utilisée au cours des cérémonies religieuses et attire de très nombreux fidèles qui viennent ici se laver pour qu'en purifiant leur corps ils puissent également purifier leur esprit. Naturellement cette eau sacrée attire aussi de très nombreux touristes, surtout pendant les vacances. Ils y sont accueillis par une organisation bien rodée, mise sur pied par le gouvernement central avec l'aide de la population locale, désireuse de mettre en valeur sa richesse naturelle. Les touristes ont droit d'accéder au lieu de culte et également de prendre des photos, à condition qu'ils adoptent un comportement respectueux du caractère sacré du temple.

Pages précédentes. En haut l'intérieur du *Tirta Empul*. En bas un des bassins sacrés pour le bain purificateur.

Le secteur du temple consacré à Surya, dieu du soleil, appelé *Padmasana*.

Le grand ensemble sacré de Seribatu, avec en gros plan le grand bassin alimenté par les nombreux jets d'eau. Remarquer la façon dont les différentes constructions s'imbriquent et s'intègrent tout naturellement dans la végétation luxuriante qui les entourent.

Pages suivantes. Enfants qui nagent gaiement dans le grand bassin sacré.
Un des grands masques d'où jaillissent les jets d'eau qui alimentent le bassin.

SERIBATU

Seribatu, près de Tegallalang, dans la Gianyar Regency, est un lieu vraiment particulier, qui frappe les visiteurs et les touristes par les décors naturels enchanteurs qu'il présente, et l'air frais et limpide que l'on y respire dans un environnement incroyablement propre et soigné. Ici les gens vivent dans des fermes ou dans de grandes maisons qui accueillent des familles entières, et sont particulièrement habiles dans la réalisation d'objets artistiques en bois.
A Seribatu s'élève un temple qui rappelle de très près celui de *Tirta Empul* (ou Temple de la source d'eau sacrée). Le grand ensemble sacré comprend différents sanctuaires, dont le *Padmasana*, réalisé en pierre et briques, dédié à Surya ou Aditya (dieu du soleil), divinité particulièrement vénérée car on l'identifie à Siwa, le dieu suprême. Ce lieu est donc un but de pèlerinage de la part des fidèles qui, sans distinction de classe, de provenance ou de profession, s'arrêtent en prière devant ce sanctuaire, après avoir présenté des offrandes en signe de gratitude.
A Seribatu aussi, en face du temple, se trouve un grand bassin alimenté par de nombreux jets d'eau, où les fidèles ont coutume de se baigner, accomplissant ainsi un geste rituel. L'eau en effet, n'est pas seulement fondamentale pour l'existence de tout le genre humain, mais elle a en plus pour les Balinais une signification profondément spirituelle et sacrée.
On peut facilement imaginer que le temple de Seribatu n'attire pas seulement les fidèles hindous; les touristes également s'y rendent en nombre pour visiter tout le site, appréciant la tranquillité reposante et absolue des lieux, et tout particulièrement fascinés par les nombreux sanctuaires dédiés à Ida Hyang Widi et à ses manifestations, et aux esprits des ancêtres, magnifiquement sculptés et décorés successivement avec une peinture dorée très lumineuse.

Une vue d'ensemble de la région de Kintamani avec le massif volcanique du mont Batur et le lac du même nom qui s'étend à ses pieds.

KINTAMANI

Le district de Kintamani, dans la Bangli Regency, est dominé par la silhouette massive du mont Batur, un volcan encore en activité; son éruption dramatique en 1917 provoqua un terrible tremblement de terre qui emporta sur son passage 2500 temples, un nombre incalculable d'habitations, ainsi que des villages entiers.
Le mont Batur, comme du reste le mont Agung, dans la Karangasem Regency, et le Batukaru, à Tabanan, est considéré par la population hindoue de Bali comme une montagne sacrée. En effet ses éruptions ne provoquent pas seulement des catastrophes: ses pentes et toute la zone environnante (où s'étend le grand lac Batur) se sont révélées extraordinairement fertiles grâce à l'action vivifiante des cendres et des matériaux vulcaniques, et sont couvertes d'orange-

raies, de bananiers et de plantations de café.
De nombreux villages sont également disséminés sur les flancs de la montagne: Songan, Toya Bungkah, Kedisan, Abang et Trunyan.
Ce dernier en particulier réserve une surprise aux nombreux touristes qui se rendent dans la région, attirés par le climat extrêmement agréable et par les beautés naturelles suggestives, mais aussi par les coutumes originales des habitants: ceux-ci en effet n'ont pas l'habitude d'incinérer les corps de leurs proches défunts, ils ne les enterrent pas non plus, ils les étendent simplement sur une plate-forme en pierre au cimetière du village.
Si les touristes préfèrent une activité plus insouciante, ils peuvent profiter des bateaux à moteur qu'il est facile de louer pour faire une promenade sur le lac.

LE LAC BATUR

Le lac Batur s'étend, vaste et tranquille sur les pentes du vulcan du même nom. Ses rivages sont caractérisés par la présence de petits villages, peuplés surtout d'agriculteurs et de pêcheurs qui, récemment, se sont montrés sensibles aux exigences et aux conséquences bénéfiques du développement touristique: on a donc vu naître restaurants et logements, ainsi que les premiers bateaux à moteur. Les pêcheurs du lieu, en effet ne se servent pour leur travail que des petits bateaux à rames traditionnels, appelés *bedau*, à partir desquels ils jettent les filets ou bien pêchent au hameçon. On comprend facilement l'importance du lac dans l'économie de la région: les autorités locales pourvoient d'ailleurs périodiquement au repeuplement de sa faune. C'est aussi du lac que les populations puisent l'eau nécessaire à la vie de tous les jours et pour l'irrigation des terres plantées de choux et de légumes de toutes sortes. Sur sa rive s'élève aussi un temple sacré, l'Ulun Danu, où tous les hindous de Bali se rassemblent pour assister aux cérémonies religieuses et accomplir les pratiques rituelles de dévotion.

A gauche, le temple caractéristique de Kintamani.

Vue du lac Batur, avec au fond la silhouette du volcan du même nom. Remarquer les barques traditionnelles des pêcheurs et les méthodes extrêmement rudimentaires par lesquelles on a coutume de s'approvisionner en eau pour les besoins ménagers.

Le temple Besakih avec ses nombreux petits temples mineurs se détachant sur le fond du mont Agung. En bas quelques fidèles en attitude de prière, avec le prêtre qui leur offre de l'eau sacrée.

Pages suivantes. Une vue d'ensemble du site de Besakih. Remarquer sur la droite la porte d'entrée typique.

BESAKIH

Le Besakih, perché sur les pentes sud-ouest du mont Agung, la montagne sacrée par excellence du peuple balinais, est le plus grand temple de religion hindoue. Il s'agit en fait d'un ensemble étendu et complexe qui regroupe 18 temples mineurs et 17 *pedharman*, faisant partie à leur tour de trois unités plus grandes, correspondant aux trois manifestations suprêmes d'Ida Hyang Widi: au milieu se trouve le temple Penataran Agung, lieu dédié à Siwa, au nord le temple Batu Madeg pour Wisnu, alors qu'au sud le temple Kiduling Kreteg est réservé à Brahma. Le Penataran Agung à son tour renferme dans son enceinte trois *Padmasana* (*Padmasana Tiga*), dédiés dans l'ordre à Parama Siwa, Sada Siwa, et Siwa. C'est ici qu'en général sont célébrées les cérémonies les plus importantes et les plus suggestives.
Il n'est pas difficile de comprendre que le grand ensemble du Besakih s'est édifié graduellement, par morceaux, sous l'impulsion de tout le peuple balinais. Aujourd'hui il est considéré comme un *Kahyangan Jagat*, c'est à dire un temple ouvert aux hindous de toute l'Indonésie. Les fidèles en effet y accourent nombreux pour participer aux cérémonies, apporter des offrandes, demander paix et prospérité, en contribuant concrètement à l'entretien ou à l'éventuelle restauration (quand cela est nécessaire) des différentes parties du temple. Les cérémonies religieuses les plus importantes ont lieu tous les 100 ans (*Ekadasa Rudra*) tous les 10 ans (*Panca Wali Krama*) et chaque année en octobre, au moment de la pleine lune (*Piodalan*). L'atmosphère que l'on respire dans ces circonstances est celle d'une communion absolue de corps et d'esprit que le peuple de fidèles hindous réussit à atteindre face au tout puissant Ida Hyang Widi. Même les visiteurs étrangers, qui arrivent ici en suivant les itinéraires habituels indiqués par les agences de voyages ou bien conseillés par les hôtels et bureaux d'information, tombent sous le charme de cette suggestive cérémonie, à laquelle d'ailleurs ils ne peuvent assister que de l'extérieur du temple. Une fois rendus ici, ils admirent aussi le panorama naturel de toute beauté qui les entoure et profitent de l'air frais et limpide que l'on respire à 1000 mt d'altitude.

Le temple Kehen à Bangli présente des caractéristiques tout à fait particulières. Premièrement les enlevures décoratives extrêmement élaborées et sculptées dans la pierre (à droite un détail d'un *makara* en forme d'éléphant). Enfin les montées d'escalier qui conduisent à la porte (*Candi Kurung* ou *Kuri Agung*), bordées de statues représentant des personnages du *Ramayana*, placées de façon symétrique à leur droite et à leur gauche.

Pages suivantes. La partie centrale du temple Kehen, partiellement restauré et en partie caractérisé par la présence de bâtiments traditionnels mais de construction récente.

LE TEMPLE KEHEN A BANGLI

Perché sur un flanc de la montagne du même nom, au milieu de la ville de Bangli, s'élève le temple Kehen, l'un des plus anciens et des plus enchanteurs de Bali. On peut déduire son âge d'une inscription remontant à 1204, qui illustre le comportement à avoir pendant la grande cérémonie qui s'y tient. Son nom, *Kehen*, qui signifie dans la langue actuelle «entrepôt», provient du nom d'un petit temple qui se trouve juste devant le temple principal. Etant situées sur les pentes de la montagne, les trois enceintes traditionnelles se trouvent à des hauteurs différentes et ont été reliées par d'amples montées d'escalier. Son prestige, enfin (aujourd'hui le Kehen est considéré comme le centre religieux de toute la Bangli Regency), provient de son ancienneté, mais aussi du fait que les principales cérémonies religieuses se sont toujours déroulées ici; et nombreux sont les Balinais qui y participent, en apportant les habi-

L'ensemble monumental de Kertagosa, au centre d'un étang artificiel, est célèbre pour ses plafonds élégants décorés de peintures de style wayang (ci-contre deux détails particulièrement évocateurs).

Pages suivantes. Le plafond peint de Kertagosa: un coup d'oeil vraiment unique et hautement suggestif.

tuelles offrandes, mais aussi prêts à contribuer concrètement à l'entretien de l'ensemble des bâtiments. Celui-ci, par la beauté de ses décorations et de ses sculptures de pierre, la singularité des structures architecturales, les grands *Meru*, les grands escaliers, les statues sculptées et le somptueux arbre de ficus du Banian, auquel est suspendu le tambour rituel en bois (*kulkul*), représente un pôle d'attraction unique pour les touristes qui le visitent assidûment tout au long de l'année.
La présence du *kulkul* est habituelle: chaque *Bale Banjar* en possède un. Il sert à scander les différents rites et les activités qui se déroulent dans l'enceinte sacrée et qui rassemblent la communauté toute entière, comme les réunions des fidèles, les initiatives d'assistance mutuelle etc...

KLUNGKUNG

Klungkung est l'ancien nom de la capitale de la Klungkung Regency, aujourd'hui Semarapura, qui, à l'époque du règne était même la capitale de l'île de Bali. Se trouvant sur la route qui conduit au temple Besakih ou à Karangasem, elle est visitée par de nombreux touristes, locaux ou étrangers, sur le chemin de ces destinations. Son attrait principal est l'ancien édifice appelé Kertagosa, situé au centre de la ville et qui joue un rôle de tout premier plan dans le développement du tourisme culturel dans la région. Ancien tribunal de justice, entouré d'un étang artificiel, il est orné d'un plafond superbement décoré avec des scènes de punitions exemplaires (peut-être pour inspirer les magistrats qui jugeaient les accusés) et des épisodes tirés du *Mahabharata* et du *Ramayana* dans sa version indonésienne: certains personnages comme le serviteur Penakawan, sont en effet inconnus dans l'histoire originale indienne, alors qu'ils sont très connus dans la culture balinaise (Penakawan en particulier, dans les danses inspirées des deux poèmes, représente celui qui sait traduire de l'ancien javanais ou *kawi* dans la langue de Bali).
Le style de ces peintures présente des caractéristiques si originales qu'il a mérité une dénomination à part, celle de «style Kamasan», du nom d'un village situé à 4 kilomètres au sud de la ville de Semarapura. Aujourd'hui encore à Kamasan on peut rencontrer de nombreux peintres avec leurs instruments traditionnels (des pinceaux en bambou aux couleurs minérales), qui cultivent et perpétuent leur art ancien et précieux. Grande affluence de touristes ici aussi, surtout ceux qui se sont déjà arrêtés pour admirer, des heures durant parfois, les plafonds peints de Kertagosa, où, au milieu de tant d'oeuvres précieuses ressort un élément d'une qualité artistique évidente: un grand lion ailé en bois appelé Singa Ambara. C'est un animal mythologique qui ici cependant remplit la fonction plus prosaïque de soubassement pour la colonne qui supporte tout le poids du toit de l'édifice.

Le temple *Goa Lawah* (ou de la Caverne des Chauve-souris), avec les milliers d'animaux qui l'ont choisi comme demeure.

Pages suivantes. Un prêtre dans son costume blanc rituel distribue aux fidèles venus prier, de l'eau sacrée que l'on pense être un véhicule de la bénédiction du dieu suprême Ida Hyang Widi.

LE TEMPLE GOA LAWAH

Beaucoup de visiteurs s'arrêtent quelque temps à Kusamba Beach, dans la Klungkung Regency, attirés par la possibilité d'assister aux différentes phases de la récolte traditionnelle du sel, qui se déroule normalement sur ces plages. Une fois dans la région, ils ne peuvent pas renoncer à visiter un lieu unique en son genre, situé justement à proximité de la route qui conduit à Kusamba Beach: le sanctuaire de *Goa Lawah* ou de la Caverne des Chauve-souris (de *goa* = caverne et *lawah* = chauve-souris). Le nom très évocateur provient du fait que le temple est situé devant une caverne dont les parois sont littéralement recouvertes de ces animaux; ils sommeillent en attendant de s'envoler pour se procurer de la nourriture, surtout la nuit. Il faut dire qu'à Bali les chauve-souris sont considérées comme des animaux sacrés, malgré le fait que certains Balinais ne dédaignent pas d'en manger! Il n'est donc pas surprenant que devant leur caverne justement on ait édifié une série de petits temples dédiés au dieu suprême Ida Hyang Widi et ses nombreuses manifestations, et aux esprits des ancêtres. Le site sacré représente d'ailleurs l'un des lieux de culte les plus importants de la région, étant donné qu'il comprend entre autres l'un des temples *Sad Kahyangan* (les 6 temples publics à Bali ouverts à tous sans aucune distinction), situé dans sa partie sud et consacré à Brahma. A l'occasion des différentes cérémonies les fidèles hindous y affluent en grand nombre pour prier et recevoir des prêtres l'eau sacrée ou *tirta*, avec laquelle, selon la tradition, on obtient aussi la bénédiction d'Ida Hyang Widi. Mais il est évident qu'il n'y a pas que les fidèles qui s'y rendent, si l'on en juge par le grand parking qui s'étend prés du temple, et par la quantité de vendeurs ambulants qui présentent des produits de l'artisanat local, des fruits et des objets de toutes sortes, destinés naturellement aux touristes.

Une vue aérienne de la célèbre Sanur Beach, grand centre touristique balinais.

SANUR BEACH

Les ressources disponibles dans les endroits touristiques les plus fréquentés de Bali sont d'un tout autre genre, en particulier à Sanur Beach: comme son nom l'indique, les plages, au fameux sable blanc sont ce qui attire le plus, avec la beauté de la mer, toujours calme et donc parfaite pour les mordus de la natation. Mais ce qui a permis véritablement de développer le tourisme ici, c'est le réseau très solide d'équipements qui fait que Sanur Beach est un lieu atypique pour Bali: hôtels luxueux, restaurants prestigieux, zones résidentielles parfaitement équipées entourées de jardins magnifiques, mais aussi galeries d'art, chaînes de magasins, un réseau de transports très fonctionnel et tout ce qui

peut contribuer à rendre agréable le séjour des hôtes. Pour donner une dimension exacte du phénomène, il est bon de souligner que la localité de Sanur Beach n'a découvert sa vocation touristique qu'au début des années soixante; alors que l'on construisait le grand aéroport de Ngurah Rai, naissait à Sanur Beach le premier hôtel à caractère international: le *Bali Beach*. Sa réalisation fut entièrement financée par le gouvernement japonais pour compenser en partie les dégâts et les destructions occasionnés par l'attaque menée contre l'Indonésie pendant la deuxième guerre mondiale, en 1942. Depuis la construction de ce premier grand hôtel, le développement touristique de l'île de Bali, n'a plus connu d'obstacles et a même connu un essor grâce à d'importants investissements bien ciblés qui ont favorisé tout d'abord la construction des hôtels, et puis la réalisation du réseau fondamental de services dont Sanur Beach représente un exemple très réussi.

Une vue aérienne de la région de Nusa Dua avec les deux îles qui donnent leur nom à la localité.

Deux exemples des attraits touristiques de Nusa Dua: en haut une piscine nichée dans la verdure, en bas un terrain de golf.

NUSA DUA

Non loin de l'aéroport international et assez près aussi de Sanur Beach, à laquelle elle est reliée par une autoroute, se trouve Nusa Dua, une localité accueillante à vocation exclusivement touristique, réalisée pendant la première moitié des années quatre-vingt grâce aux financements du Fonds Monétaire International. Nusa Dua s'élève à une extrémité de la péninsule de Bukit, dans la partie sud de Bali, et doit son nom - qui dans la langue locale signifie «deux îles» - au fait que deux petites îles justement lui font face, reliées aujourd'hui artificiellement à la terre ferme et faciles à atteindre. Conçue pour satisfaire au mieux les exigences des touristes, cette localité renommée offre des structures et des services de premier ordre: de grands ensembles hôteliers très performants, des piscines nichées dans la végétation luxuriante, de vastes terrains de golf parfaitement entretenus où il est même possible d'assister à des tournois internationaux, des plages entièrement réservées aux touristes, qui peuvent occuper leurs loisirs à faire du shopping dans les nombreux magasins crées pour eux. Dans l'ensemble, Nusa Dua ressemble à un village ultra-moderne et savamment conçu, mais permet aussi d'admirer de précieux exemples du style balinais contemporain.

Deux images éloquentes de Kuta Beach, où les équipements touristiques récents s'insèrent bien dans les paysages traditionnels de Bali.

Pages suivantes. Trois images très significatives de Kuta Beach au coucher de soleil: de la suggestion des atmosphères naturelles aux locaux publics, accueillants et pleins de vie.

KUTA BEACH

Avec Sanur et Nusa Dua, Kuta Beach est l'un des plus beaux fleurons de la structure touristique de Bali. Mais alors que Nusa Dua est surtout connue pour son réseau d'hôtels de luxe, parfaitement insérés dans le circuit international, Kuta Beach a su attirer un tourisme plus discret, apprécié aussi bien par les touristes étrangers que par les autochtones, qui est arrivé à faire s'impliquer la population locale et les hommes d'affaires indonésiens. Du reste les habitants de Kuta Beach se montrent très à leur aise pour traiter avec les touristes, et pour tirer des bénéfices de l'exploitation des ressources locales:étant donné que l'une des prérogatives locales est certainement constituée par les manifestations folkloriques et religieuses, ils déploient tous les efforts dans leur organisation, construisent de très beaux temples et s'occupent assidûment de la conservation de ceux qui existent déjà, et sont artistiquement décorés (qu'ils appartiennent à la communauté ou bien à des familles). Quant aux familles, elles vivent généralement dans de belles et grandes maisons, et mettent souvent à la disposition des touristes de passage des chambres d'hôtes. L'économie locale est donc florissante, et complétée par de nombreux magasins où le visiteur peut acquérir des objets d'art et d'artisanat de toutes sortes et à tous les prix: cela va du simple souvenir à la pièce de collection de grande qualité, les mêmes choses que l'on peut trouver en général dans les galeries d'art des régions de Mas et Ubud, dans la Gianyar Regency et dans d'autres endroits; le tout soumis au marchandage, pratique très courante dans une région où seuls les grands magasins, qui offrent déjà de gros rabais aux clients, exposent des prix fixes. On discute sans difficultés particulières car les vendeurs balinais parlent couramment de nombreuses langues: anglais, français, italien, japonais... et puis si le touriste désire acheter des objets typiques provenant d'autres endroits où il n'a pas le temps d'aller, aucun problème: à Bali on peut facilement acheter des produits de Kalimantan, Sumatra, Java, Sumbawa, Suma, Irian Jaya et autres.

Coca-Cola

made's

JIMBARAN BEACH

Prés de Kuta Beach et de l'aéroport international, se trouve une autre localité particulièrement appréciée par les touristes, qui tombent sous le charme des couchers de soleil sur la mer et se passionnent pour l'activité traditionnelle des pêcheurs: il s'agit de Jimbaran Beach, autrefois simple zone de pêche, aujourd'hui centre touristique pourvu d'hôtels et de restaurants bon marché, sur les plages duquel il n'est pas rare de rencontrer des personnes qui pratiquent le jogging, que ce soit le matin l'aprés-midi ou le soir, dans la lumière caressante du coucher de soleil. Quant aux pêcheurs, ils utilisent encore en général les barques traditionelles en bois: seuls quelques-uns se sont modernisés et ont adopté voiles et moteurs. Ils se sont par contre beaucoup plus facilement adaptés aux exigences des touristes, qu'ils emmènent (service payant et à la demande) sur leurs barques pour faire l'expérience de leur mode de navigation et connaître de plus près cet élément qui leur est familier. Contribution modeste mais non négligeable au développement de l'économie de la communauté toute entière.

Le jogging est un autre sport très répandu à Jimbaran Beach et particulièrement suggestif dans la lumière diffuse du coucher de soleil.

Sur les plages on ne trouve pas seulement des touristes, mais aussi de jeunes Balinais, qui se reposent sur la plage entre les bateaux.

Au retour de la pêche on récolte les fruits de toute une journée de travail.

Les nombreux magasins de gadgets, souvenirs et objets d'artisanat qui se trouvent dans les principaux centres touristiques exposent toute la gamme bariolée de leur marchandise.

Encore une vue d'ensemble des produits qu'il est possible d'acheter dans les magasins de Bali: vêtements, tableaux, objets en cuir ou en argent et les marionettes classiques en bois (*wayang golek*).

SHOPPING

Faire du shopping est certainement une activité qui plaît aux visiteurs des célèbres lieux de villégiature balinais, et les populations locales ont essayé par tous les moyens de les contenter. C'est dans ce but qu'ont été crées les petits marchés caractéristiques et très animés, où l'on peut acheter de tout: des créations typiques de l'artisanat local aux produits les plus appréciés des pays voisins (par exemple les fameuses marionettes javanaises, appelées *wayang golek*). Une mention à part méritent cependant les marchés, magasins et innombrables stands de Kuta Beach, où le touriste peut littéralement s'immerger dans une profusion de vêtements, des tee-shirts aux pantalons, le tout dans des couleurs éclatantes, en coton ou en soie, avec des dessins très originaux. Les étrangers ont montré un tel goût pour ces produits depuis quelques années, que de véritables boutiques se sont crées à Kuta Beach, chacune avec sa propre collection, et avec une chaîne de distribution, ce qui a contribué de façon non négligeable à l'essor de l'économie balinaise.

KUTA BALI
BALI
BALI
KUTA BALI
BALI

La région d'Ubud est particulièrement bien équipée pour accueillir les touristes attirés par ses beautés naturelles. Elle doit cependant en partie sa notoriété à l'école de peinture qui s'y est développée et dont nous voyons en haut un très bel exemple.

LA REGION TOURISTIQUE D'UBUD

La région d'Ubud, dans la Gianyar Regency, est très connue désormais, surtout comme centre d'une peinture qui est considérée comme typique au niveau du style, de ces lieux. Les oeuvres que l'on attribue à l'école d'Ubud sont rassemblées dans des musées ou des galeries d'art plutôt nombreux dans les environs. Inutile de dire que les touristes sont très attirés par cette particularité, et que l'économie de la région en tire des bénéfices consistants. Autour d'Ubud s'élèvent de grands hôtels, mais aussi des auberges à l'aspect typique, ce qui permet d'avoir une gamme de prix satisfaisant toutes sortes de publics. Tout cela fait que les visiteurs ont tendance à s'arrêter ici pendantquelques jours, alléchés également par la présence de monuments plutôt bien conservés et par les «performances» artistiques organisées presque quotidiennement à leur intention. Malgré l'affluence continue et massive de visiteurs, la population locale ne se laisse pas distraire de ses propres devoirs religieux et de dévotion, sans parler de la propreté et de la tranquillité des lieux, que toute la communauté d'Ubud s'efforce jalousement d'entretenir.

Les cascades de Bali représentent une excellente occasion pour se rafraîchir, et ses cours d'eau se prêtent parfaitement à la pratique du *rafting*.

LE SOBEK RAFTING

Un sport très singulier qui s'est développé surtout pendant ces cinq dernières années est le *rafting*, qui consiste à descendre en radeau pneumatique les eaux vives et les parcours accidentés d'un torrent. C'est un sport qui peut être pratiqué à tout âge; sur chaque radeau peuvent prendre place six personnes maximum, qui affrontent une descente de deux heures en moyenne, une occasion unique pour admirer les paysages les plus divers: des forêts les plus impénétrables aux abords tranquilles des fleuves.
A Bali il y a un fleuve qui, de par ses caractéristiques et la beauté des sites qu'il traverse, est devenu le plus pratiqué par les amateurs de ce sport: c'est l'Ayung River, à 8 kms d'Ubud; il est maintenant très fréquenté par les touristes, organisés en groupes et guidés par un expert très qualifié. L'Ayung River offre 11 kms de cours d'eau navigable, et 22 rapides, qui serpente entre les rochers d'origine volcanique, au milieu d'un paysage typiquement montagneux. Aux alentours du fleuve on rencontre un grand nombre de restaurants et de villages de bungalows. Une mode récente celle du rafting mais qui a toutes les chances de durer puisque l'Ayung River fait désormais partie du circuit international des compétitions officielles.

Un paysan avec les hottes typiques en bambou sur les épaules; en bas, huit jeunes filles en costume typique, avec les cheveux ornés de fleurs fraîches (en général des jasmins blancs et des fleurs d'hibiscus rouges) et de petites corolles en or, se reposent après avoir déposé les fleurs au temple.

Un danseur qui interprète Rangda, sans masque mais avec le costume classique réalisé à l'aide de trois couleurs seulement: le rouge sacré pour Brahma, le noir de Wisnu et le blanc de Siwa. En bas, une femme qui apporte des offrandes au temple. L'expression de son visage, très intense, trahit un état psychologique semblable à la transe, qu'il n'est pas rare de rencontrer chez les fidèles pendant les cérémonies religieuses.

LES BALINAIS

La population de Bali elle-même, avec ses costumes bariolés caractéristiques, avec ses spectacles extraordinaires, avec ses activités traditionnelles, représente à elle seule une attraction et une découverte hors du commun. Ainsi il n'est pas rare de voir photographier le paysan qui rentre chez lui en transportant le fourrage pour ses bêtes dans de grands paniers en bambou sur ses épaules, après avoir travaillé toute la journée dans les champs ou dans les rizières; les jeunes filles qui, drapées dans leurs costumes simples mais très colorés (composés d'un tissu enveloppé autour du corps et serré à la taille par un châle) apportent au temple les offrandes rituelles de fleurs et de fruits; les danseurs portant les masques sculptés dans le bois; le jeune homme qui emmène au pâturage son troupeau insolite de canards. C'est que tout à Bali réserve aux touristes d'inattendues mais agréables surprises.

Encore quelques images des gens de Bali: une jeune fille avec des offrandes votives, un enfant conduisant un troupeau de canards, une femme portant le vêtement de tous les jours composé d'une blouse et du *sarong*, enfin, une danseuse.

BALI SEA
JAVA
Bali Strait
MENJANGAN ISLAND
Mt. Prapat 310
Ketapang
Gilimanuk
Banyuwedang
Sumberkerta
Pulaki
Lovina
Banyuwangi
Mt. Kelatakan 698
Mt. Sangian 1004
Mt. Merbuk 1386
Mt. Mesehe 1344
Mt. Musi 1224
Mt. Patas 1580
Grokgak
Celukanbawang
Seririt
Pengastulan
S. Mendaun
S. Saba
S. Banyupoh
S. Melaya
S. Sangiang
S. Daya
West Bali National Park
Melaya
Pupuan
Bilukpoh
Yeh Sumbul
Pulukan
Cupel
Negera
Mendaya
Perancak
Cape Perancak
Yehbalian
Antosari
Soka
IN
PACIFIC OCEAN
MYANMAR (BURMA)
LAOS
VIET NAM
MUANG THAI
KÂMPŬCHÉA
PILIPINAS
KEPULAUAN TALAUD
BRUNEI
MALAYSIA
KEPULAUAN BUNGURAN
KEPULAUAN SANGIHE
HALMAHERA
PULAU BIAK
PULAU YAPEN
IRIAN JAYA
PAPUA NEW GUINEA
SINGAPURA
KALIMANTAN (BORNEO)
SULAWESI (CELEBES)
CERAM
PULAU SIMEULUE
PULAU NIAS
SUMATERA
PULAU BANGKA
INDONESIA
PULAU BURU
PULAU BUTUNG
KEPULAUAN KAI
KEPULAUAN ARU
PULAU DOLAK
KEPULAUAN MENTAWAI
PULAU BELITUNG
KEPULAUAN TANIMBAR
BALI
JAVA
PULAU FLORES
PULAU TIMOR
PULAU SUMBA
PULAU LOMBOK
PULAU SUMBAWA
INDIAN OCEAN
AUSTRALIA

Cape Bungkulan
Sangsit
Kubutambahan
Singaraja
Sawan
Tejakula
B A L I
S E A
Mt. Penulisan 1745
Penulisan
Tianyar
Lake Buyan
Mt. Catur 2096
Mt. Batur 1717
Kintamani
Batur
Trunyan
Lake Batur
Kubu
ULUN DANU
Lake Bratan
Mt. Lesong 1860
Pelaga
Penelokan
Kedisan
Mt. Abang 2153
S. Daya
Bedugul
Mt. Pohen 2063
Sangiyang 2093
Mt. Batukau 2276
Baturiti
Mt. Agung 3142
Amed
Culik
Besakih
Cape Ibus
Mt. Seraya 1175
Seribatu
TIRTA EMPUL
Tirtagangga
Penebel
GUNUNG KAWI
KEHEN
Rendang
Karangasem (Amlapura)
Payangan
Tampaksiring
Bangli
Marga
Sangeh
Tenganan
Asak
Manggis
MONKEY FOREST
Ubud
Pejeng
Candi Dasa
Lombok Strait
Peliatan
Bedulu
Sidan
Klungkung
Padangbai
Tabanan
TAMAN AYUN
GOA GAJAH
Mas
Gianyar
Mengwi
GOA LAWAH
Kediri
Kapal
Blahbatuh
Kusamba
Lukluk
Celuk
Batubulan
Badung Strait
DENPASAR
Sanur
SANUR BEACH
LEMBONGAN ISLAND
Sampalan
Toyapakeh
Legian
Kuta
KUTA BEACH
CENINGAN ISLAND
Mt. Mundi 529
Suwana
SERANGAN ISLAND
Ngurah Rai Airport
NUSA PENIDA
JIMBARAN BEACH
Cape Abah
NUSA DUA BEACH
BUKIT BADUNG
Nusa Dua
N
0 1 4 8 12 km
0 1 2 4 6 miles
O C E A N

TABLE DES MATIERES